Hoe overleef ik zonder antwoorden?

NEDERLANDSE
KINDERJURY
2006

Tweede druk 2005

ISBN 90 269 9917 8

NUR 283

© 2005 Uitgeverij Van Holkema & Warendorf,

Unieboek BV, Postbus 97, 3990 DB Houten

www.unieboek.nl

www.francineoomen.nl

Tekst: Francine Oomen

Tekeningen: Annet Schaap

Vormgeving omslag: Ontwerpstudio Bosgra BNO, Baarn en

Francine Oomen

Zetwerk: Ontwerpstudio Bosgra BNO

Francine Oomen

Hoe overleef ik zonder antwoorden?

Met tekeningen van Annet Schaap

Van Holkema & Warendorf

Ben je wanhopig?
Twijfel je?
Weet je het ff niet meer?
Loop je ergens over te piekeren?
Weet je niet wat je moet doen?
Formuleer de vraag helder in je hoofd,
of spreek hem hardop uit,
sla dan een willekeurige pagina in het boekje open.

Voila!

Daar is het antwoord!

Niet denken maar doen!

Geen goed idee.

Waarom zou je?

Slaap er nog een nachtje over.

Ben je nou helemaal gek geworden?

Never nooit niet!

Heel goed idee!

Wees jezelf!

Het zal je niet gelukkig maken...

Twijfel niet aan jezelf!

Het zou kunnen...

Maak het jezelf niet te moeilijk!

Absoluut!

Wat denk je zelf?

Vergeet het maar!

Heel misschien...

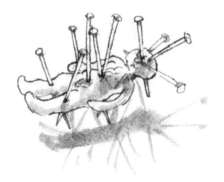

Niet doen!

Je maakt een goede kans...

Denk er nog eens goed over na.

Wat zegt je hart?

Laat je niet beïnvloeden.

Wacht het goede moment af.

Sloof je niet te veel uit.

Te veel risico!

Makkie!

Het zal je gelukkig maken.

Pieker er niet meer over.

Dat is nog geheim...

Dat zou je wel willen weten, hè?

Wacht er nog ff mee.

Overleg het met een verstandig iemand.

Luister naar je hart.

Wel doen!

Wees voorzichtig.

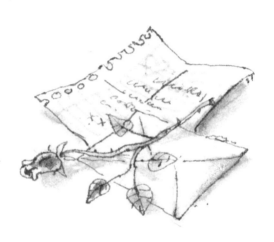

Suc6 verzekerd!

Kijk eerst de kat uit de boom.

Heb geduld.

Aarzel niet.

Blijf trouw aan jezelf.

Ga lekker shoppen.

Verwen jezelf!

Luister naar je dromen.

Zet 't uit je hoofd.

No way!

Ja!

Hou vol...

Je verdient het!

Maak een lijstje van de voors en tegens.

Volg je intuïtie.

Nee!

Natuurlijk!

Doe wat je moet doen.

Beetje dimmen.

Ga ervoor!

Slechte keus.

Heel verstandig.

Hoe kun je dát nou vragen?

De vraag is het antwoord...

Wees eerlijk.

Dit gaat niet goed!

Je zit op het goede spoor...

Van proberen kun je leren.

De aanhouder wint!

Verrie onverstandig.

Vergeet het!

Geef never op.

Bewaak je grenzen
(maar overschrijd ze, als dat je verder brengt).

Volg je droom!

Vraag een ouder iemand om raad.

Laat het los!

The magic is in the doing!

Geniaal plan!

Respect!

Carpe diem (pluk de dag).

Schrijf het op (en van je af).

Je sterren staan gunstig (en de maan ook...).

For ever!

Over een tijdje misschien...

Verstop het niet.

FF chille!

Wacht niet te lang...

Je leeft maar één keer (misschien ook niet...).

Je bent geweldig!

Vandaag is je dag!

Geniet ervan!

Hier en nu.

Begin er gewoon aan!

Maak je geen zorgen, het komt goed.

Tel eerst tot 10 (tot 1000, als dat nodig is).

Relax!

Diep in je hart weet je het al...

Zet je masker af.

Cupido is in de buurt!

Wanhoop niet!

Ja, natuurlijk wel!

Denk eens aan een ander.

Onzin!

Wees dapper!

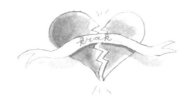

Een potje huilen helpt.

Loop er niet voor weg.

Je zult het morgen zien.

Doe niet alsof!

Dit is het goede moment.

Geloof in jezelf.

Het zal je lukken!

Doe niks wat je niet wilt!

Yessss!!!

Je kunt het!

Dit is je kans!

Alles op z'n tijd.

Vraag om hulp.

Vast wel!

Lever geen half werk!

Denk positief.

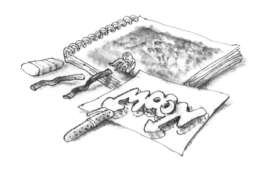

Zit niet bij de pakken neer.

Onderzoek je motieven.

Dit is niet het goede moment.

Dom, dom, dom!

Sta open.

Zeker doen!

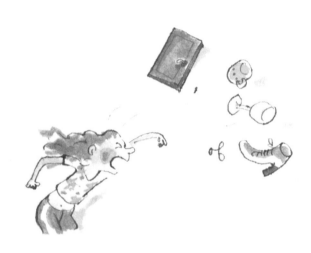

Praat erover!

Lastige vraag, zeg
(formuleer 'm anders en probeer het nog een keer).

Wat een interessante vraag!

Niet piekeren!

Het zal allemaal meevallen.

Je bent geweldig!

Wees tactisch!

Krop het niet op.

Lach erom.

Neem even afstand.

Doe jezelf geen pijn.

Kijk naar jezelf
(naar de binnenkant duz)!

Het is goed voor je.

Alles is relatief.

Wat wil je écht?

Stop ermee!

Hou jezelf niet voor de gek.

Laat het even los.

Doe je niet anders voor dan je bent.

In geen geval!

Wees niet bang.

Luister naar wijze raad.

Pak de telefoon en bel!

Waar ben je bang voor?

Schrijf het op en laat het los.

Je bent het waard!

Veel sterkte ermee.

Haastige spoed...

Niet nu.

Nog ff niet.

Echt niet!

Daar heb je vrienden voor!

Volg je eigen weg.

Wees niet bang voor verandering.

Alleen achter onzekerheden liggen kansen.

Tijd voor de volgende stap.

Geen keuze maken is ook een keuze.

Wees niet bang voor mislukking.

Wonderen bestaan!

Geniet!

Speel geen spelletje.

Humor!

Rust eerst eens goed uit.

Maak een keuze.

Kom voor jezelf op.

Schaam je er niet voor (praat erover).

Heb vertrouwen.

No fear!

Doorbreek een oud patroon.

Er komt verandering.

Het is jouw leven!

Wees niet verlegen.

Doe geen dingen die niet goed voor je zijn.

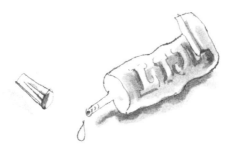

Het wordt opgelost.

Organiseer de boel goed.

Overwin je angst.

Wat heb je te verliezen?

Liefde overwint alles!

Stel het niet uit.

Het brengt geluk!

Kijk verder dan je neus lang is.

Onderneem nu actie!

Over Francine Oomen

Francine is op 27 maart 1960 geboren in Laren (N-H). Al als kind was ze altijd aan het tekenen, lezen en schrijven. Na haar middelbare school ging ze naar de Design Academy in Eindhoven, waar ze in 1985 afstudeerde.

Voor haar eindexamen ontwierp en tekende ze haar eerste novelty-boek voor kleuters. Daarna werd ze free-lance ontwerpster en bedacht ze er nog een heleboel. De bekendste zijn de knisperboekjes en de rammelaarboekjes.

Met de *Saartje en Tommie*-serie, waarvan de eerste vier deeltjes in 1990 verschenen, begon Francine ook te schrijven. Het werd een internationaal succes.

Het eerste prentenboek dat Francine helemaal zelf maakte was: *Sammie Eigenwijs* in 1993, geïnspireerd op de jongste van haar drie kinderen.

Daarna volgden een groot aantal (prenten)boeken, die eveneens in vele landen verschenen.

Toen haar eigen kinderen groter werden, ging Francine voor oudere kinderen schrijven.

Haar grote doorbraak kwam met de *Hoe overleef ik...*-serie, die al vele malen in de prijzen viel. De serie is zo populair dat er (o.a.) gewerkt wordt aan een televisieserie en een bioscoopfilm.

Ook *Lena Lijstje* en *Ezzie* hebben inmiddels een grote schare fans verworven.

In 2005 verschijnen de eerste twee delen van een trilogie over de drieling Sam, Beer en Pip, bekend van het kinderboekenweekgeschenk dat Francine in 2003 schreef: *Het Zwanenmeer (maar dan anders)*.

Naast schrijfster en illustratrice is Francine ook nog steeds ontwerpster. Alle producten die gebaseerd zijn op haar boeken, bedenkt en ontwerpt ze zelf.

Nieuws over alle ontwikkelingen kun je lezen op de website: **www.francineoomen.nl**

Tot nu toe zijn de volgende delen in de *Hoe overleef ik...*-serie verschenen:

Hoe overleef ik mijn vakantie? *(1998)*

Hoe overleef ik het jaar 2000? *(1999)*

Hoe overleef ik de brugklas? *(2000)*

Hoe overleef ik mijn eerste zoen? *(2001)*
(genomineerd voor de Kinderjury 2002)

Hoe overleef ik mezelf? *(2002) (Bekroond door de Kinderjury 2003, Hotze de Roosprijs 2004 en de Jonge Jury 2004)*

Hoe overleef ik een gebroken hart? *(2003) (Bekroond door de Kinderjury 2004, Hotze de Roosprijs 2004 en de Jonge Jury 2005)*

Hoe overleef ik met/zonder jou? *(2004) (genomineerd voor de Jonge Jury 2005 en de Tina-Bruna Award 2005)*

Hoe overleef ik mijn ouders? *(en zij mij!) augustus 2005*

Naast de 'gewone' Hoi-boeken zijn er ook handige (talen)gidsjes:

Hoe overleef ik mijn vakantie in Duitsland? (2004)

Hoe overleef ik mijn vakantie in Frankrijk? (2004)

Hoe overleef ik mijn vakantie in Italië? (2004)

Hoe overleef ik mijn vakantie in Spanje? (2004)

Hoe overleef ik mijn vakantie in Engeland? (mei 2005)

Hoe overleef ik mijn vakantie in Turkije? (mei 2005)

Hoe overleef ik van alles (en nog wat)? (mei 2005)

Hoe overleef ik zonder antwoorden? (mei 2005)

Ezzie, Rosa's beste vriendin uit de Hoi-serie, beleeft haar eigen avonturen in:

Ezzie's dagboek (2004)

(genomineerd voor de Tina-Bruna Award)

In 2006 wordt het tweede deel verwacht.

Sam, Beer en Pip

Het Zwanenmeer (maar dan anders)

Het boek van Beer

Het derde deel van deze trilogie verschijnt in het voorjaar van 2006

Lena Lijstje

Lena Lijstje (Kinderboekwinkelprijs 2002)

Het geheim van Lena Lijstje

De reis van Lena Lijstje

Voorjaar 2006 wordt het vierde deel verwacht

Voor kinderen tot 10 jaar schreef Francine de Computerheks-serie

De computerheks

Computerheks in gevaar

Lang leve de computerheks!

Computerheks in de sneeuw

De computerheks ziet ze
vliegen (*omnibus*)

De computerheks tovert
erop los (*omnibus*)